AF258293

ACADÉMIE DES INSCRIPTIONS ET BELLES-LETTRES

LES PETITS CHIENS

DU

DUC JEAN DE BERRY

PAR

M. LE COMTE PAUL DURRIEU

MEMBRE DE L'ACADÉMIE

Lu dans la séance publique annuelle du 26 novembre 1909,

PARIS

TYPOGRAPHIE FIRMIN-DIDOT ET Cⁱᵉ

IMPRIMEURS DE L'INSTITUT DE FRANCE, RUE JACOB, 56

M D CCCC IX

LES PETITS CHIENS

DU

DUC JEAN DE BERRY

PAR

M. LE COMTE PAUL DURRIEU

MEMBRE DE L'ACADÉMIE

Messieurs,

L'incomparable manuscrit des *Très riches Heures du duc de Berry*, qui constitue un des trésors du Musée Condé, à Chantilly, s'ouvre par une grande peinture en possession d'une juste notoriété et maintes fois reproduite. Cette admirable page nous introduit, en quelque sorte, dans la vie intime du prince pour qui le volume a été exécuté, Jean de France, duc de Berry, frère du roi Charles V, si célèbre aujourd'hui comme protecteur des arts et amateur passionné de toutes les belles choses. Elle nous montre le duc assis dans la salle d'une de ses résidences et dînant entouré de ses serviteurs. En examinant la miniature, on y constate la présence, devant le duc de Berry, de deux petits chiens qui jouissent du singulier privilège de se promener en toute liberté sur la table de leur maître, au milieu des plats et des mets du repas.

Sur une page d'un autre livre d'Heures du duc Jean, les *Heures de Turin*, détruites, hélas! par l'incendie en 1904, un petit chien de même espèce se tenait également auprès du duc de Berry, pendant que celui-ci était occupé à prier la Vierge.

Ce détail des petits chiens accompagnant le duc n'est pas une fantaisie d'artiste; il correspond à une réalité, en rappelant un sentiment qui paraît avoir été très accentué chez le duc Jean.

Le duc de Berry, — le fait est attesté par des pièces d'archives, — entretenait une collection d'animaux, dromadaire, autruche, ours, chamois, chiens de chasse, lévriers; mais parmi les bêtes qu'il possédait, ce sont les « petits chiens » qui, très vraisemblablement, lui tenaient le plus à cœur. De la garde de ses petits chiens, il avait fait une charge, remplie à certaine époque par une dame, l'abbesse de Villiers. A ces favoris il donnait des noms qui, au dire de M. Jules Guiffrey, notre savant confrère de l'Académie des Beaux-Arts, « dénotent des personnages jouissant d'une grande considération ». L'un d'eux avait été baptisé *Lion*. Venaient-ils à se perdre ou à tomber malades? On ne reculait pas devant la dépense pour les retrouver ou les soigner. On allait, quand on soupçonnait qu'ils avaient pu être mordus par un chien enragé, jusqu'à faire les frais de les envoyer à la mer, ce qui passait alors pour avoir une vertu souveraine en pareil cas. Un jour même, le scribe qui tenait les comptes du duc enregistre gravement un don de dix sols tournois à un valet de Vierzon « à luy baillé, dit le texte, du commandement de Monseigneur, parce qu'il avait trait [retiré] un des petits chiens de Monseigneur des chambres aeséos ».

Donner au duc un petit chien, en chair et en os, était une manière de lui faire la cour. C'était probablement ce goût du duc Jean que sa femme, la duchesse de Berry, Jeanne de Boulogne, voulut flatter lorsqu'elle offrit à son mari, aux étrennes de 1413, « une salière », c'est-à-dire en réalité un surtout de table, « faicte et esmaillée en façon d'un petit chiennet ». Sans doute était-ce encore pour la même raison que déjà, aux étrennes de 1408, le duc Jean avait reçu en cadeau du duc de Bourbon un brûle-parfum d'argent doré portant, sur une terrasse verte, et au pied d'un arbre également émaillé de vert, « un petit chien d'argent blanc ».

Ce qui est certain, en tout cas, c'est que nous ne connaissons pas seulement les petits chiens du duc de Berry par les documents écrits; nous avons aussi leurs images grâce aux enluminures des manuscrits. Ces animaux si chers à leur maître nous apparaissent ayant le poil blanc ou du moins très clair, le corps plutôt allongé, assez bas sur pattes, le front bombé, la tête à poils ras, le cou et les épaules garnis au contraire d'une épaisse crinière, la queue recourbée sur le dos et amplement fournie de poils. Par l'ensemble de leur conformation, ils pourraient faire penser aux chiens de Malte, très appréciés dès l'antiquité, mais ils rappellent surtout la race actuelle dite du « loulou de Poméranie » ou « spitz » allemand, et peut-être n'est-il pas indifférent de noter qu'un des chiens du duc, répondant au nom de *Prince*, lui avait été envoyé par l'Empereur, par conséquent très vraisemblablement d'Allemagne.

J'ai déjà dit comment ces petits animaux furent représentés dans deux des livres d'Heures du duc de Berry. Un voyage que j'ai fait récemment en Italie m'a permis d'examiner un autre manuscrit, provenant également du duc Jean, et dans lequel j'ai vu réapparaître les petits chiens, avec leur type caractéristique.

Il s'agit d'une fort belle *Bible latine glosée*, en deux volumes de très grand format, conservée à Rome dans la Bibliothèque du Vatican (*Cod. vatic. lat.* 50 et 51) et dont la possession par le Saint-Siège est établie documentairement au moins depuis l'époque du pape Nicolas V, mort en 1455.

D'après l'écriture, cette *Bible glosée* date de la seconde moitié du XIV° siècle et paraît avoir été copiée dans le midi de la France, contrée où le duc de Berry a fait, à la même époque, de fréquents et longs séjours en qualité de lieutenant du roi en Languedoc. En tête de chacune des grandes 'divisions des Livres Saints est une lettrine historiée à petits personnages. Ces lettrines sont de style français, d'un faire sec et d'un mérite très ordinaire.

Un écusson peint dans la lettrine initiale du tome 1er atteste que le manuscrit a eu pour premier propriétaire illustre le duc Jean de Berry. Celui-ci a d'ailleurs inscrit à la fin de l'un et l'autre volume des notes autographes, valant *ex libris* et ainsi conçues :

Ceste Bible est au duc de Berry et d'Auvergne, conte de Poitou

[*signé*] JEHAN

Au bas de la première page du tome Ier, où est la lettrine aux armes du duc Jean, se trouvent des ornements d'une facture toute différente de celle du reste de l'enluminure. Ce sont d'abord trois écussons armoriés, dont deux montrent les blasons du duc de Berry et de sa femme, Jeanne de Boulogne, tandis que le troisième, au centre, surmonté de la tiare, est l'écusson pontifical d'un des deux compétiteurs à la Papauté, au moment de l'éclosion du grand Schisme d'Occident, le pape d'Avignon Clément VII, de son nom propre Robert de Genève.

Puis, au-dessous des trois écussons, court une terrasse verdoyante qui porte des arbustes et des plantes animées par des oiseaux. Sur cette terrasse, devant un tertre surmonté d'un arbre, se tient fièrement comme en arrêt, et dessiné de main de maître avec un admirable sentiment de vie et de vérité, un petit chien blanc tout semblable à ceux du duc Jean. Une ample crinière de longs poils qui garnit son poitrail justifierait bien ce nom de *Lion* que le duc de Berry avait, je l'ai signalé, donné à un de ses petits chiens. De la gueule de l'animal sort une banderole sur laquelle on lit le mot *Alegret*.

La première page du tome II montre une disposition analogue. Au bas de la colonne de gauche du texte, sont placées les armoiries du Saint-Siège, soutenues par deux anges. Au-dessous de la colonne de droite du texte, deux autres anges accostent les armoiries personnelles du pape d'Avignon Clément VII. Ces armoiries surmontent les deux blasons du duc de Berry et de la duchesse Jeanne de Boulogne, déjà relevés sur la première page du tome Ier. Entre ces deux blasons est répété le même motif du petit chien blanc en arrêt devant un tertre surmonté d'un arbre et tenant dans sa gueule une banderole avec le même mot : *Alegret*. Les deux groupes d'anges, de deux mains différentes, sont d'une excellente exécution, très supérieurs aux lettrines historiées du corps du volume. Ils laissent reconnaître le style de quelques-uns des meilleurs miniaturistes employés par le duc de Berry, à la fin du XIVe siècle.

La première question à résoudre est l'interprétation du mot *Alegret* inscrit sur les banderoles, près des petits chiens. Avant de se lancer dans aucune hypothèse, le plus rationnel est de consulter d'abord les documents pour voir s'ils ne fourniraient pas quelque lumière. C'est, en effet, ce qui se produit. Dans plusieurs pièces d'archives ainsi que chez les historiens, nous trouvons nommé un « maître Simon Alegret », « Allegret » ou « Alligret » qui fit longtemps partie de l'entourage du duc de Berry.

Cet Alegret n'était autre que le premier médecin du duc Jean, personnage ayant une haute situation dans la maison ducale, tout dévoué à son maître, que le duc, de son côté, ne cessa de combler de ses bienfaits et dont le souvenir est encore rappelé de nos jours dans la cathédrale de Bourges, par une chapelle ornée de superbes vitraux.

Ce point fixé, il faut expliquer la présence simultanée, sur la *Bible glosée* du Vatican, des blasons du duc de

Berry et des armoiries pontificales du pape d'Avignon Clément VII (Robert de Genève). Cette réunion, en une même page de manuscrit, d'écussons appartenant à deux personnages qui n'avaient pas entre eux de liens intimes de parenté, mais qui furent contemporains et se sont connus — ce qui est précisément le cas ici, — est un fait qui s'est plusieurs fois reproduit et dont j'ai pu préciser la signification par la discussion d'une série d'exemples. Elle symbolise un don de livre fait par le porteur d'un des blasons au titulaire de l'autre blason.

Dans la Bible du Vatican, une prééminence marquée est accordée aux armoiries de Clément VII par rapport à celles du duc de Berry. Cette prééminence indique que c'est le pontife qui a été le bénéficiaire du don.

Un don fait par le duc de Berry au pape Clément VII d'Avignon est d'ailleurs chose toute naturelle. Les deux personnages avaient entre eux des rapports très suivis. Plus d'une fois, le duc Jean vint rendre visite au pontife à Avignon. Et si le duc de Berry fit des cadeaux à Clément VII, les inventaires ducaux sont là pour nous montrer que le pape ne demeura pas en reste vis-à-vis du prince français. C'est, en effet, à des libéralités de Clément VII que le duc de Berry a dû la possession de divers objets. Parmi ceux-ci figurait notamment une « *belle Bible* », exécutée en Italie et richement illustrée de miniatures de style italien. Le sort actuel de cette belle Bible, que le duc de Berry détenait encore à sa mort en 1416, est inconnu; mais les descriptions des inventaires attestent que sa transmission, par voie de cadeau, du pape au duc, y était constatée d'après le système que j'ai énoncé tout à l'heure, c'est-à-dire par la juxtaposition des armoiries des deux personnages, Clément VII et le duc Jean. Cette belle Bible, de caractère italien, faisait donc, en quelque sorte, la contre-partie de la *Bible glosée* du Vatican, qui est d'origine française, la première étant passée du pape au duc, et la seconde du duc au pape.

Pourquoi maintenant rencontrons-nous le nom du médecin Alegret, tracé sur des banderoles tenues par les petits chiens, sur les mêmes pages qui portent les armoiries ducales et pontificales? La solution de ce problème se trouve, je le crois, dans l'observation d'un fait d'ordre général.

Les armoiries jouent un grand rôle dans les manuscrits de luxe exécutés ou importés en France dans les deux ou trois derniers siècles du moyen âge. Je viens de dire comment il arrive, par exemple, qu'elles soient employées à symboliser un don du livre. Mais pour qu'on pût mettre des blasons sur un volume, encore fallait-il que le personnage dont on avait à rappeler le souvenir possédât des armoiries. Or, à partir de la fin du XIVᵉ siècle on vit, en France, arriver à la fortune et aux plus hautes positions administratives des hommes nouveaux qui sortaient des basses classes et n'avaient pas de blasons héréditaires; et ces personnages eurent ou même quelquefois firent faire de très beaux manuscrits. Comment procéder dans ce cas? On tourna la difficulté en substituant tout simplement le nom du personnage aux emblèmes héraldiques qui ne pouvaient être employés, et pour cause. Parfois, on raffina en dissimulant le nom sous un anagramme auquel on s'efforça de donner l'apparence d'une *devise;* mais dans d'autres cas on se contenta de mettre le nom en clair.

Ceci indiqué, il me paraît plus que probable que le nom d'*Alegret*, inscrit au bas des premières pages des deux volumes du Vatican est l'équivalent, sous la forme roturière, des doubles armoiries du pape et du duc. Sa présence en pareil endroit doit indiquer que si le duc de Berry a été possesseur du manuscrit qu'il devait ensuite donner au pape d'Avignon, c'est qu'il l'avait lui-même reçu en don de son médecin, maître Simon Alegret.

Les documents, étudiés dans leur ensemble, sont de nature à justifier pleinement l'hypothèse.

Des sentiments de grande cordialité régnaient, en général, au XIVe et au XVe siècle, dans les maisons des princes français. Mais nulle part peut-être ces sentiments ne furent aussi marqués que dans l'entourage du duc Jean de Berry. Si le duc payait grassement ses familiers, ceux-ci lui offraient en retour des cadeaux et surtout lui donnaient des étrennes à chaque 1er janvier. Quelques-uns d'entre eux ne craignaient même pas de mettre une certaine pointe de malice dans leurs hommages. Aux étrennes de l'année 1411, trois artistes de merveilleux talent que Jean de France avait su s'attacher sur le déclin de sa vie, Pol de Limbourg et ses frères, offrirent à leur protecteur un volume richement recouvert d'une reliure en velours blanc munie de deux fermoirs d'argent doré, émaillés aux armes ducales. Un tel cadeau était fait pour flatter les goûts du bibliophile passionné qu'était le duc de Berry. Mais, quand il voulut ouvrir le livre, il constata qu'il n'y avait là, si vous permettez d'employer une expression vulgaire, qu'une attrape et que, sous le velours blanc et les fermoirs dorés, il ne se trouvait qu'un simple morceau de bois taillé en forme de livre.

Parmi les familiers du duc Jean, le médecin Simon Alegret fut précisément un des plus assidus à donner des étrennes à son maître. Il y a malheureusement de graves lacunes dans la série des comptes et des inventaires du duc de Berry, et ces lacunes existent spécialement pour la période qui nous intéresserait le plus à propos de notre Bible glosée, c'est-à-dire l'époque où le duc de Berry et le pape d'Avignon Clément VII étaient tous deux en vie (1378-1394). Mais, pour toutes les années où les renseignements existent, nous voyons revenir régulièrement la mention des cadeaux donnés par Alegret à son maître au moment des étrennes. Généralement, ce sont des livres et le plus souvent des ouvrages concordant par leurs sujets avec la situation personnelle d'Alegret à la cour du duc, c'est-à-dire des livres traitant de médecine. Cependant, parmi eux, figure aussi en 1415 un *Psautier glosé*. Si Alegret a offert au duc, en 1415, un *Psautier glosé*, il a tout aussi bien pu lui faire hommage, à une époque plus ancienne, de la *Bible glosée* du Vatican, dans laquelle son nom se trouve répété sur les banderoles tenues par les petits chiens entre les blasons du duc Jean.

Il nous reste à nous demander si Alegret n'a pas eu une pensée particulière en confiant, en quelque sorte, dans la *Bible glosée* du Vatican la garde de son nom à ces petits chiens blancs chers au duc de Berry.

Une hypothèse se présente à l'esprit. On sait qu'au moyen âge le chien était l'emblème de la fidélité. Il intervient, avec ce caractère, dans des monuments de l'art plastique. On le voit, notamment, couché sous les pieds des gisants dans toute une série de statues funéraires. Mais un exemple me paraît surtout frappant, parce qu'il est fourni également par l'enluminure d'un manuscrit.

Trente ans environ après la mort de Jean de France, en 1445, une de ses arrière-petites-nièces, Marguerite d'Anjou, épousait le roi d'Angleterre Henri VI et quittait la douce terre de France pour passer dans l'île anglaise. Un des plus illustres personnages de la cour d'Angleterre était alors John Talbot, comte de Shrewsbury, que l'on a souvent surnommé « l'Achille anglais », noble et héroïque guerrier à qui les Anglais, durant leur occupation d'une partie du royaume des Fleurs de Lys, avaient donné le titre de maréchal de France, qui combattit contre Jeanne d'Arc et devait mourir glorieusement sur le champ de bataille de Castillon. A l'occasion du mariage de Marguerite d'Anjou et de son arrivée en Angleterre, Talbot voulut faire un cadeau à sa nouvelle reine et il lui offrit un riche et grand manuscrit, conservé actuellement au Musée Britannique dans le fonds provenant de la couronne d'Angleterre (Ms. royal, 15. E. VI). Ce manuscrit, connu sous le nom de « Shrewsbury book », renferme la copie d'une série d'œuvres littéraires, toutes écrites en français. Dans un prologue rimé Talbot explique à la reine que, s'il a combiné ce genre de cadeau, c'est

Afin que vous y passez temps
Et, lorsque parlerez anglois,
Que vous n'oubliez le françois.

Au début de ce manuscrit est placée une miniature qui montre Talbot, en costume de chevalier de la Jarretière, présentant le livre à Marguerite d'Anjou. Or, dans cette miniature, Talbot est suivi d'un chien qui s'avance délibérément, la queue en trompette, et semble vraiment prendre part à la scène. Que le chien soit ici introduit comme une allusion à la fidélité, la chose ne paraît pas douteuse. Dans la langue française du XVe siècle, Talbaut était un nom de chien, comme Tayaut, Miraut, Clabaut. Jouant sur le mot, le grand guerrier avait pris pour cimier un chien avec cette devise : « Talbot our good dogge » (Talbot notre bon chien), voulant dire par là qu'il était, suivant le commentaire d'un des historiens de Charles VII, « le chien de l'Angleterre et de ses souverains, leur défenseur et leur gardien fidèle ».

On s'explique donc l'intervention du chien dans la scène de l'offre du manuscrit de Talbot à la reine d'Angleterre, et l'allusion qui en découle. S'il en est ainsi, ne peut-on pas penser que nous avons un cas analogue dans la manière dont le nom d'Alegret nous apparaît sur la *Bible glosée* du Vatican? En faisant figurer les petits chiens du duc Jean de Berry en tête des deux volumes, le médecin Alegret aurait trouvé un ingénieux moyen à la fois d'affirmer sa fidélité à son maître et d'amuser celui-ci en plaçant sous ses yeux, jusque dans un manuscrit aussi grave qu'une Bible, l'image de ses petits favoris à longue crinière.